1476

Météo-
Images-
Colonies

PETIT ABÉCÉDAIRE PARISIEN,

OU

DESCRIPTION HISTORIQUE

DES PRINCIPAUX ÉTATS AMBULANS

DE LA CAPITALE;

ORNÉ DE 32 SUJETS DE GRAVURES.

4ᵉ édition, revue et corrigée.

PARIS,
EYMERY, FRUGER ET Cⁱᵉ, LIBR. ÉDITEURS,
rue Mazarine, nº 30.

1828.

IMPRIMERIE DE F.-N. ALLOIS,
à Versailles, avenue de Saint-Cloud, n° 3.

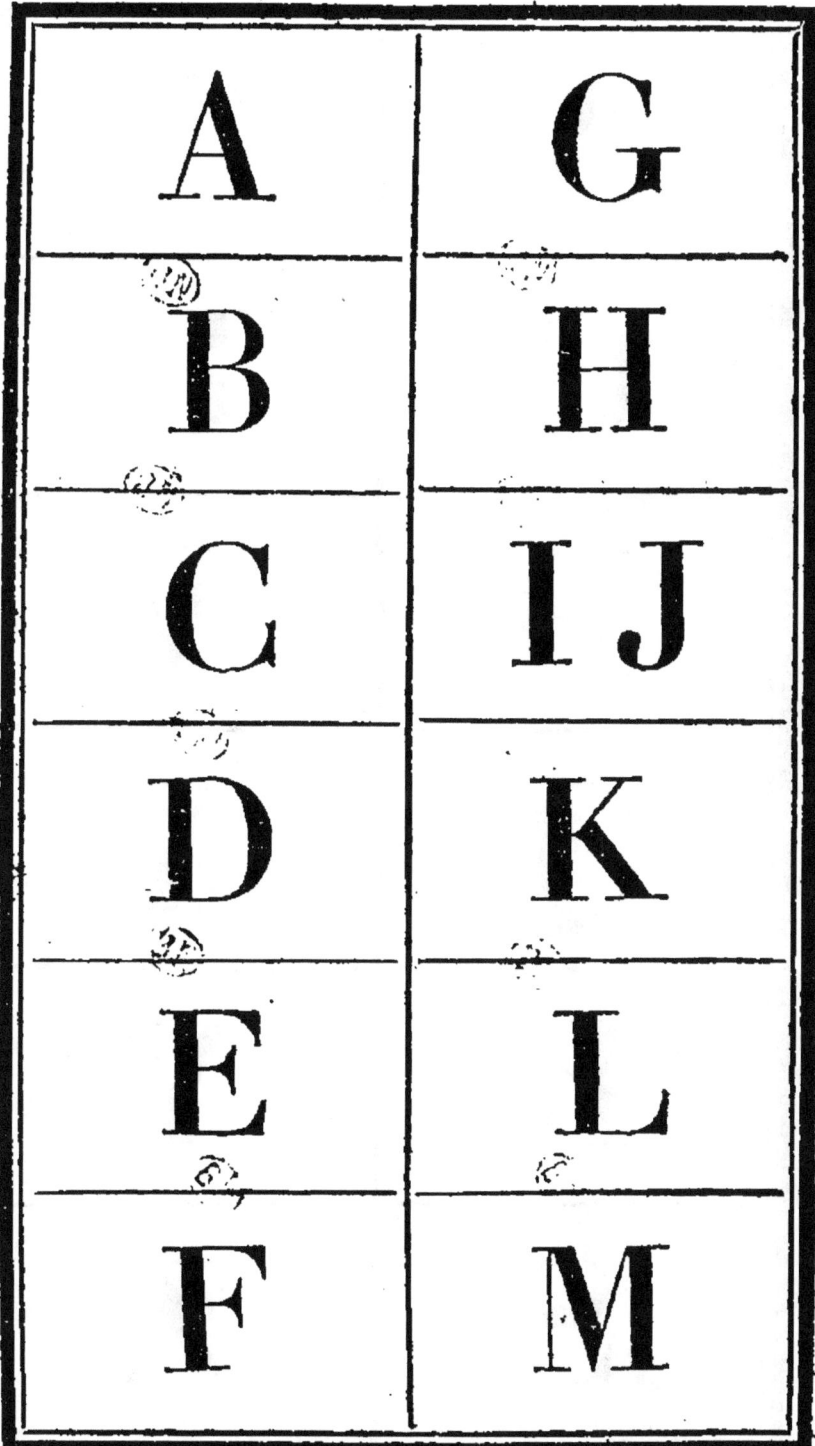

4

N	T
O	U
P	V
Q	X
R	Y
S	Z

ba	be	bi	bo	bu
ca	ce	ci	co	cu
da	de	di	do	du
fa	fe	fi	fo	fu
ga	ge	gi	go	gu
ha	he	hi	ho	hu
ja	je	ji	jo	ju
ka	ke	ki	ko	ku
la	le	li	lo	lu
ma	me	mi	mo	mu
na	ne	ni	no	nu
pa	pe	pi	po	pu
qua	que	qui	quo	qu
ra	re	ri	ro	ru
sa	se	si	so	su
ta	te	ti	to	tu
va	ve	vi	vo	vu
xa	xe	xi	xo	xu
za	ze	zi	zo	zu

VOYELLES ACCENTUÉES.

Accent aigu (′).

É-lé-gant, é-lé-ment, dé-cé-der, sé-vé-ri-té, cé-lé-ri-té.

Accent grave (`).

Près, a-près, ex-près, très, pro-cès, pros-pè-re, mi-sè-re.

Accent circonflexe (∧).

Bâ-ton, ap-pât, hâ-tif, chê-ne, tê-te, pa-raî-tre, dî-ner, goû-ter, hûche, flûte.

Tréma (¨).

Co-ëf-fe, mo-ël-le, mo-ël-lon, na-ïf, ma-ïs, Mo-ï-se, Sa-ül.

ç *Cédille.*

Per-çoir, pin-çon, ma-çon, tron-çon.

Pè re, mère, en fant, sa ge, bon bon, ge nou, mou ton, ma tin, bon jour, bon soir, mé chant, sa ges-se, ca res se, tur bu lent, lou an ge, lec tu re, i ma-ge, im pru dent, brû lu re, cu ri eux, im po li, gour-man di se, Dieu, loi, roi, tout, vous, nous, moi, mon, pas, bois, bien, nuit, jour, ciel, Louis, mieux, œil, sœur, cœur, bon.

L'ORAISON DOMINICALE.

Notre Père qui êtes aux cieux, que votre nom soit sanctifié; que votre règne nous arrive; que votre volonté soit faite en la terre comme au ciel : donnez-nous aujourd'hui notre pain quotidien, et nous pardonnez nos offenses, comme nous pardonnons à ceux qui nous ont offensés; et ne nous induisez point en tentation, mais délivrez-nous du mal. Ainsi soit-il.

LA SALUTATION ANGÉLIQUE.

Je vous salue, Marie, pleine de grâce; le Seigneur est avec vous; vous êtes bénie entre toutes les femmes; et Jésus, le fruit de votre ventre, est béni.

Sainte-Marie, mère de Dieu, priez pour nous pauvres pécheurs, maintenant et à l'heure de notre mort. Ainsi soit-il.

LE RAMONEUR.

Ramonez-ci, ramonez-là,
La cheminée du haut en bas... la... la.

Tel est le refrain de ces bons enfans de la Savoie, qui, à peine sortis de l'enfance, quittent leur pays pour venir, pendant l'automne et l'hiver, ramasser à Paris un peu d'argent, qu'ils vont au printemps porter à leurs pauvres parens.

Une sévère probité est la vertu qui distingue ces petits montagnards.

Aussitôt que le froid se fait sentir, ils parcourent, dès le matin, toutes les rues de la capitale, et vont offrant leurs services. Ces enfans montent avec une adresse extrême dans le tuyau d'une cheminée, à quelque hauteur qu'elle puisse être, pour en détacher la suie dont un trop grand amas pourrait causer un incendie qui ferait brûler la maison.

Vous voyez, mes chers amis, combien cette profession est utile, puisqu'elle sert à prévenir de grands malheurs.

LE TONDEUR DE CHIENS.

Beaucoup de Parisiens aiment à élever des chiens à longs poils, et la nécessité de les tondre est devenue l'objet d'un métier dans la capitale.

Les tondeurs de chiens s'installent sur les trottoirs des ponts, et dans les endroits les plus fréquentés; ils ont des enseignes sur lesquelles leurs noms et leurs demeures sont inscrits. Ils exercent leur métier sur la place qu'ils occupent, ou bien ils se transportent à cet effet chez les personnes qui le désirent.

LE PORTEUR D'EAU.

Les puits construits à Paris ne produisant point une eau salubre à boire, il est des hommes qui font le métier de *porteurs d'eau*. Ils vont avec deux seaux, soit à la rivière, soit à une fontaine publique, prendre de l'eau, et la transportent, pour la modique somme de 2 sous, chez les habitans de la ville, à quelque étage qu'ils demeurent; on entend à toute heure du jour, crier d'une voix sonore, *à l'eau*, *à l'eau.* Ces porteurs répètent ce cri jusqu'à ce qu'ils aient trouvé le débit de leur *voie*. C'est ainsi que l'on désigne le volume d'eau que leurs deux seaux contiennent.

Il y a aussi des charretiers porteurs d'eau. Ceux-ci, possédant un peu d'argent, achètent un cheval et une voiture à laquelle ils adaptent un tonneau contenant plusieurs *voies*. Ils se font des pratiques, chez lesquelles ils transportent leur eau d'une manière plus prompte et moins fatigante, dans des quartiers de Paris éloignés de la rivière, et souvent à une grande distance les uns des autres.

LE DÉCROTTEUR.

On voit dans les places publiques, au coin des grandes rues, sur les trottoirs des ponts et aux portes des hôtels, des hommes qui sont toujours prêts à nettoyer les souliers des passans.

Ces hommes ont une petite sellette, sur laquelle ils font appuyer le pied dont ils doivent décrotter le soulier; ils prennent un mauvais chiffon avec lequel ils ôtent la boue autour du soulier; avec une décrottoire ils enlèvent le reste de la boue que le chiffon a laissée; puis, avec une polissoire, ils étendent la cire qu'ils ont répandue sur l'empeigne, ce qui rend le soulier très-brillant; si les bas ont reçu quelques éclaboussures, ils les font disparaître avec une brosse légère ou un morceau de laine; par ce moyen, les personnes qui vont à pied peuvent se présenter d'une manière décente dans les maisons où elles ont affaire.

LE MARCHAND DE COCO.

L'été, après une longue course, on a souvent besoin de prendre une boisson rafraîchissante. Les marchands de coco vous satisfont à peu de frais; on en trouve à la porte des jardins publics, sur les boulevards, et dans les promenades autour de Paris; ils portent sur leur dos une petite fontaine contenant une tisane légère composée de chiendent et de réglisse. Le bruit d'une sonnette qu'ils agitent continuellement, et le cri répété de *coco, coco, à la fraîche, qui veut boire?* avertissent les passans qu'ils peuvent se désaltérer : un sou est la mince rétribution qu'ils exigent.

LA MARCHANDE DE GATEAUX
DE NANTERRE.

Le village de Nanterre, situé à deux lieues environ de Paris, a donné son nom à de petits gâteaux fort bons et fort estimés. Les femmes qui les apportent chaque jour dans la capitale, en trouvent le débit dans les promenades, où toujours on les voit près du marchand de coco.

MENDIANS.

Les villes considérables renferment toujours une grande quantité de pauvres, aussi ne peut-on circuler dans Paris sans y rencontrer des mendians, qui n'ont d'autre ressource pour exister que ce qu'ils attendent de la générosité des passans. Lorsque vous verrez de ces malheureux, accablés de vieillesse et d'infirmités, ne manquez pas, mes enfans, si vous pouvez disposer de quelques pièces de monnaie, ne manquez pas, je vous y engage, de les partager avec eux. Dieu, qui veille sur les âmes charitables, vous en récompensera un jour, et vous éprouverez, dès le moment même, la douce émotion que procure toujours le plaisir d'avoir fait une bonne action.

LA MARCHANDE D'AMADOU.

Voulez-vous des allumettes?
Elles sont bonnes et bien faites.
Voulez-vous de l'amadou,
Qui prend du premier coup?

Ces paroles, prononcées en cadence par une voix un peu cassée, annoncent dans les rues de Paris la présence d'une femme de 70 ans, dont la figure vénérable conserve encore des traces de beauté, malgré que ses traits soient flétris par la fatigue et par le chagrin.

Cette femme intéressante, après avoir possédé des biens assez considérables, s'est vue réduite à la plus affreuse détresse, sans ressource et sans appui. Elle s'est décidée à parcourir chaque jour une partie de la ville, pour y vendre des allumettes et de l'amadou. Son courage et sa résignation la font admirer de ceux qui connaissent ses malheurs, et chacun s'empresse de lui acheter quelque chose, dans l'intention de secourir l'honorable indigence.

Cela doit vous apprendre, mes enfans, à respecter les pauvres, qui souvent cachent sous les haillons de la misère un cœur noble et vertueux.

LE MARCHAND D'ENCRE.

Lander... lander... relan.
 De l'encre sans pareille.
 A 2 sous la bouteille.
 A 2 sous la bouteille et l'encre,
 A 2 sous l'encre sans pareille.

Quand vous entendrez ce chant bizarre, courez à la fenêtre, vous verrez un homme dont l'habit, la figure, les mains et la chevelure frisée sont de même couleur que sa marchandise; il conduit un âne dont le poil est aussi très-noir. Cet animal porte deux paniers qui contiennent des bouteilles d'encre. Quelquefois ce brave homme vend toute la marchandise que porte son compagnon, alors il rentre gaiement à son logis; son bénéfice lui sert à nourrir sa famille, et le surplus est employé à renouveler sa provision.

L'AVEUGLE MUSICIEN.

En passant un soir sur les boulevards du Temple, une des promenades les plus fréquentées de Paris, mon oreille fut frappée par les sons d'une musique assez agréable; j'aperçus en même temps un groupe nombreux,

Je m'en approchai, et je vis au milieu de ce groupe un vieillard aveugle, qui, à l'aide de sa bouche, de ses mains et de ses pieds, jouait de cinq instrumens; il les faisait résonner à la fois avec un ensemble parfait, et faisait à lui seul un charmant concert. Je pris des informations sur cet étonnant musicien; il était jadis épicier, mais ayant éprouvé dans son commerce des pertes considérables, son talent, qui long-temps n'avait servi qu'à ses plaisirs, lui fit bientôt trouver dans la commisération du public quelques ressources contre l'affreuse misère qui l'accablait.

MARCHANDE DE MARÉE.

La moule au parfumé... e... ée.
Merlans à fri... ire.
Ma belle carpe œuvée..... e.... ée.

C'est en répétant cela sur différens tons, et de manière à éveiller l'attention publique, que les marchandes de marée trouvent le débit de leur marchandise. Les personnes sédentaires, et celles que des occupations journalières retiennent à leur maison, trouvent commode de se procurer sans sortir, les objets nécessaires à leur nourriture; elles évitent par-là une perte de temps qu'elles emploient utilement à leurs travaux.

MARCHANDS D'HABITS,
VIEUX GALONS.

Habits, vieux galons à vendre.
Avez-vous des vieux habits?
Des vieux bas, des vieux souliers,
Des vieux ha-a-bits à ven-en-dre?

Telle est la chanson des marchands d'habits; car tout le monde chante dans cette ville. Les gens de cet état s'annoncent ainsi dans les rues, afin que les personnes qui ont quelques objets à vendre en saisissent l'occasion. Ces marchands donnent un prix modique de ce qui leur est offert; mais lorsqu'on a de vieilles hardes dont on ne peut plus faire usage, on est bien aise de trouver ce moyen d'en retirer un peu d'argent.

Ces marchands revendent ensuite ce qu'ils ont acheté, soit à des fripiers, dont le commerce est de ne vendre que du vieux, soit à des personnes peu fortunées, qui n'ont pas la possibilité d'acheter des vêtemens neufs.

CUREURS DE PUITS.

Le métier des cureurs de puits est de descendre dans les puits pour les nettoyer et pour en enlever toutes les ordures qui peuvent s'y rencontrer, ce qui rendrait l'eau bourbeuse et infecte.

Ces artisans vont de rues en rues, cherchant de l'ouvrage; ils portent sur leur épaule une espèce de pelle de fer adaptée à un long manche de bois; cet outil s'appelle *brague* ou *curette*, et sert à leurs opérations.

CARRELEURS DE SOULIERS.

Le carreleur de souliers, connu plus généralement sous la dénomination de savetier, est l'artisan qui raccommode les chaussures de cuir, telles que souliers, bottes, pantoufles, etc. Leur état diffère seulement de celui du cordonnier, en ce que ce dernier ne travaille qu'en neuf, et le savetier ne travaille qu'en vieux. Un grand nombre de carreleurs de souliers parcourent la ville, espérant trouver de l'ouvrage. Ceux qui ont des pratiques s'installent au coin des rues, dans de petites échoppes qui leur servent d'ateliers.

CHANTEUR PUBLIC.

La gaîté étant un des traits dominans du caractère français, beaucoup de gens fondent l'espoir de leurs moyens d'existence sur cette disposition naturelle aux Parisiens de rire et de chanter, même lorsqu'ils sont malheureux ; aussi voit-on sur les quais, dans les places, et sur les boulevards qui entourent la capitale, des chanteurs publics, qui, par leur voix bizarre, leur accoutrement grotesque et leurs grimaces à dessein étudiées, attirent près d'eux une foule d'ouvriers et de gens du peuple, qui vont là se délasser de leurs pénibles travaux, et s'en amusent pour le moins autant que les gens riches s'amusent aux spectacles dont l'entrée est fort coûteuse.

C'est gratuitement que les *chanteurs ambulans* font les plaisirs de leur auditoire : cependant ils sont presque toujours accompagnés d'une femme ou d'un enfant, qui présente poliment à l'assemblée une tasse dans laquelle peu de personnes mettent quelque chose ; mais un grand nombre d'elles achètent des cahiers de chansons ; c'est là qu'est la spéculation, et le bénéfice est parfois assez considérable.

Quelques-uns de ces chanteurs s'accompagnent en jouant du violon, d'autres ont pour camarade un joueur de vielle organisée; d'autres enfin réunissent dans leur société plusieurs musiciens, jouant chacun d'un instrument différent, et composant ainsi en plein air un concert qui se répète de rues en rues, mais qu'ils ne prolongent toutefois que lorsqu'ils voient aux fenêtres des habitans disposés à leur jeter quelques pièces de monnaie.

MARCHANDS DE JOURNAUX.

Journal du Matin; voilà le journal.
Il est intéressant aujourd'hui; voyez le journal.

On entend souvent, dès le matin, trois ou quatre colporteurs, crier en même temps le titre de leurs journaux et annoncer des nouvelles intéressantes, afin de piquer la curiosité du public. *Voilà du nouveau, donné tout-à-l'heure, tout-à-l'heure. Extrait de la gazette officielle, c'est du nouveau, c'est intéressant, c'est donné tout-à-l'heure; faut voir ça, messieurs,* est la phrase qu'ils répètent sans cesse,

lorsqu'ils sortent de l'imprimerie, où l'on vient de leur délivrer une loi ou ordonnance, ou une proclamation nouvelle. La précipitation de leur marche, la volubilité avec laquelle ils récitent leur protocole, l'inflexion forte et sonore qu'ils donnent avec intention à leur voix, tout contribue à faire croire aux citoyens qu'ils vont apprendre des événemens extraordinaires, ou que le gouvernement a pris des arrêtés importans; chacun court à sa croisée, ou à la porte de sa maison, et se hâte d'acheter leur feuille, qui, la plupart du temps, ne contient rien de nouveau, et ne mérite pas le moindre intérêt.

LE MARCHAND DE PAILLE.

De la paille nouvelle, de la paille nouvelle !

L'homme qui répète cela, traîne une charrette contenant de la paille liée en bottes.

Le tuyau et l'épi du blé, du seigle, de l'orge et de l'avoine, prennent le nom de paille, lorsque le grain en a été séparé.

La paille de seigle sert à lier les gerbes, la paille de blé sert de fourrage et de litière aux bestiaux; la paille d'avoine, plus douce et plus délicate, est propre à différens usages.

Avec de la paille on fait des nattes, des chaises, des paillassons; on en remplit les paillasses, qui sont un des objets dont se compose un lit.

MARCHANDS DE BUSTES
ET FIGURES EN PLATRE.

L'art de la sculpture remonte à des temps très-reculés; il a le mérite de retracer à nos yeux l'image des personnes qui nous sont chères, et dont l'absence ou la mort peut nous séparer; c'est à cet art sublime que nous devons les statues et les bustes des rois, des princes et des personnages illustres qui ont honoré leur siècle par leurs vertus et par leurs talens, et dont la réputation et la gloire leur ont mérité de passer d'âge en âge à la postérité.

Les statues et les bustes exécutés en marbre ou en bronze étant d'un très-haut prix, l'usage s'introduisit de les mouler en plâtre, et l'on parvint, par ce moyen, à multiplier à peu de frais les chefs-d'œuvre des plus fameux artistes.

Ce fut André Verocchie, peintre et sculpteur, né en 1432, qui, le premier, moula le visage d'une personne morte, afin d'en saisir la ressemblance parfaite. Cette méthode vint depuis en vogue; aussi voit-on passer dans les rues de la capitale, des marchands qui offrent à bon marché aux amateurs, les portraits en plâtre de tous les hommes célèbres, tant anciens que modernes, et ceux de tous les souverains actuellement régnant.

MARCHANDS DE FAGOTS
ET DE FALOURDES.

Fagots, fagots ;
Falourdes, falourdes.

Vers la fin de l'automne, et pendant le cours de l'hiver, on voit circuler dans les rues, des hommes qui vendent des fagots et des falourdes, dont ils trouvent le débit chez des personnes qui n'ont point l'argent nécessaire pour acheter une voie de bois. Qu'ils sont à plaindre ces malheureux, qui, la plupart glacés par l'âge, le sont encore par un froid rigoureux contre lequel leur indigence ne leur permet pas de se prémunir !

Ce pauvre marchand de fagots n'est pas moins à plaindre qu'eux ; il est exposé continuellement aux injures du temps ; il traverse une grande partie de la ville, portant sur des crochets une lourde charge; et lorsqu'il rentre à son logis, accablé de fatigue, il n'a souvent recueilli dans la journée qu'un très-petit bénéfice qui lui suffit à peine pour lui procurer du pain et de l'eau.

LA BOUQUETIÈRE AMBULANTE.

Si l'hiver attriste nos regards par le tableau de la misère, la belle saison nous en réserve un dédommagement, à l'époque où le printemps vient ranimer la nature : quand il embellit les champs et les jardins, on entend la bouquetière ambulante faire retentir à nos oreilles :

Des bouquets pour mettre dans les pots.
Des œillets, des ro-o-o-ses.
Ma belle aubépine, mon beau li-la-as.
Ma belle jonquille, mon bel œillet doux.

Grâce aux soins de l'intelligente bouquetière, l'habitant de la ville se forme des parterres au sein de ses appartemens, et jouit des présens les plus agréables que la campagne offre à ceux qui peuvent l'habiter; les besoins de l'un, les désirs de l'autre, animent ainsi entre les hommes un échange heureux, au moyen duquel le riche se crée à chaque instant de nouveaux plaisirs, et le pauvre de nouvelles ressources.

MARCHANDS DE JOUETS
D'ENFANS.

Une bonne conduite ne reste jamais sans récompense. Lorsque les enfans ont été sages et obéissans, qu'ils ont bien répété leurs leçons pendant le cours de la semaine, les parens cherchent à leur procurer le dimanche des amusemens de leur âge ; il leur est permis de rire, de chanter, de danser ; on les mène à la promenade, où l'on rencontre presque toujours des marchands de joujoux ; alors on laisse ces aimables enfans choisir quelques objets à leur goût : les petits garçons prennent un tambour, un cheval, un bilboquet ; les petites filles choisissent une poupée, un ménage, une commode ; possède-t-on ces jolies choses, on rentre gaîment à la maison ; puis on les met en réserve, pour jouer lorsque la mauvaise saison ne permettra plus les plaisirs de la promenade.

MARCHANDS DE PAILLASSONS.

Voulez-vous des paillassons?
J'en ai des courts et des longs.

Les rues de la capitale étant presque toujours remplies de boue, même dans les plus belles saisons de l'année, cet inconvénient a fait prendre assez généralement l'habitude de placer à la porte extérieure des appartemens un paillasson sur lequel les personnes qui viennent du dehors s'essuient les pieds.

Les paillassons se composent de plusieurs nattes de paille réunies solidement ensemble avec de la ficelle, qui sert aussi à les tresser.

MARCHANDS DE LÉGUMES.

Des panais, des carottes,
2 sous la botte.
Voulez-vous mon bel oignon,
Mes bons navets, mes bons gros choux?

Une femme portant sur son dos une hotte chargée de légumes, répète à plusieurs reprises et d'une voix glapissante, le nom des différens légumes qu'elle veut vendre.

Dans le même moment, un homme qui traîne

une charrette, crie d'une voix forte et sonore :

Artichauts! mes bons artichauts; artichauts de Laon, de Laon.

Ces revendeurs de légumes vont à la halle, vers deux heures du matin, y faire leurs acquisitions; ils s'adressent pour cela aux paysans, qui, venant de quatre à cinq lieues apporter leurs denrées, se hâtent de les vendre, afin de retourner chez eux promptement se livrer à leurs travaux rustiques.

MARCHAND DE BALAIS
ET PLUMEAUX.

Marchand de balais!
C'est moi qui les ai faits.
Point d'argent, point de balais.

Tout en répétant sa petite chansonnette, ce joyeux marchand fait rouler une voiture à bras dans laquelle sont des balais de bouleau, qu'on emploie à ramasser et enlever les ordures dans les cours, les écuries et les escaliers.

On colporte aussi dans les rues, des balais de crin et des plumeaux qui sont utiles à la propreté de l'intérieur des maisons. Les uns servent à nettoyer le plancher; les autres servent à enlever la poussière qui s'attache aux meubles dont les appartemens sont décorés.

MARCHANDES DE VOLAILLE.

On comprend généralement sous le nom de volaille, les animaux domestiques bipèdes, tels que poules, poulets, coqs, dindons, oies, canards et pigeons, que les habitans de la campagne, entr'autres les fermiers, élèvent avec soin pour les vendre ensuite à Paris, où il s'en fait une grande consommation; tous les marchés de cette ville en sont approvisionnés, mais il en existe un connu sous le nom de *Vallée*, qui est spécialement destiné à la vente de cette denrée ; ce superbe bâtiment contient un grand nombre de places désignées numériquement; des marchands s'y installent tous les matins, et l'on y trouve un choix considérable de volaille de toute espèce.

MARCHANDE DE BEIGNETS.

On appelle beignets une pâte légère qui se fait avec de la farine, des œufs et du saindoux; les écoliers aiment beaucoup cette friandise ; aussi en voit-on beaucoup, lorsqu'ils sont en promenade, s'écarter quelques instans de leurs camarades, pour s'arrêter près des marchandes de beignets qu'ils rencontrent sur leur passage; ces femmes sont assises devant un fourneau ardent, sur lequel est posée une poêle remplie de friture ; elles font promptement à chaque amateur autant de beignets qu'il en désire; mes petits gourmands les mangent tout chauds, et vont en courant rejoindre leur compagnie.

LES CHIFFONNIERS.

Chiffons, des vieux chif-if-fons,
Des vieux chiffons à ven-en-dre.
Avez-vous des vieux chi-if-fons?

Les chiffonniers font le trafic des vieux chiffons de linge et autres étoffes, qui s'emploient pour la fabrique des papiers; ils vont acheter et ramasser dans les villes et dans les villages toutes sortes de loques; ils en cherchent même au coin des rues et des portes des maisons; ils se servent pour cela d'un crochet de fer adapté à un long manche de bois; c'est pourquoi on les a surnommés par plaisanterie *lingers au petit crochet*.

Après avoir bien lavé, nettoyé et séché

ces vieux linges, les chiffonniers les vendent aux papetiers fabricans.

Remarquez, mes enfans, ce que peut produire l'industrie de l'homme, puisqu'il a su découvrir dans des objets si inutiles en apparence, et même si dégoûtans, le principe de l'invention la plus importante, puisque ces loques, dont on se débarrasse par amour de l'ordre et de la propreté, nous fournissent le papier, matière qui sert à transmettre la pensée de l'homme, et sans laquelle nous serions privés d'une foule d'ouvrages instructifs.

MARCHAND D'AIGUILLES.

Le soin de défendre sa patrie ouvre aux jeunes gens sans fortune, une honorable carrière que les infirmités et les blessures, suites de longs services, les contraignent enfin de quitter : le gouvernement veille autant que possible sur le sort des militaires; mais en leur donnant une retraite, il ne peut considérer que l'homme seul qui a combattu pour son pays, et beaucoup de vieux soldats ont une femme et des enfans, qu'ils ne font subsister qu'en ajoutant, par leur industrie, à la pension qu'ils ont obtenue : tel est, par exemple, l'invalide âgé de soixante-dix-sept ans, que l'on voit chaque jour dans la rue Saint-Denis, vendant des aiguilles, des passe-lacets, etc. Ce vieillard se fait remarquer par sa belle figure, par sa longue barbe blanche, et par le hibou qui, perché sur son épaule, lui tient fidèle compagnie.

Ce vénérable militaire a fait de nombreuses et lointaines campagnes : il a servi en Corse, à l'Ile-de-France. Il a, sous le commandement des généraux Custines, Dumouriez et Jourdan, assisté à 27 batailles rangées; pendant 23 ans, il a contribué à nos glorieuses victoires. Blessé à la célèbre bataille de Fleurus, il fut mis hors d'état de service, et obtint les Invalides. Ce brave soldat, fils et père de braves soldats comme lui, a vu son père, qui avait servi sous Louis XV et sous Louis XVI, terminer sa carrière, à l'âge de cent sept ans, dans le noble asile réservé au courage. Son fils, moins heureux, fut tué n'ayant que cinquante-un ans, à la fameuse bataille de Montereau, soutenue avec tant de vaillance par les Français contre les puissances alliées. Il crie maintenant : *Marchand d'aiguilles, marchand de lacets !*

LA MARCHANDE DE PLAISIRS.

Ce qui flatte le plus l'oreille des enfans, c'est d'entendre dans les promenades :

Voilà le plaisir, mesdames; voilà le plaisir!
Réga-a-lez-vous, mesdames, voilà le plaisir!

Maman, j'ai été bien sage ; tu m'achèteras du plaisir, n'est-ce pas ? dit la petite Aglaé. — J'ai été assez contente de toi aujourd'hui, dit la mère ; mais hier.... — Hier, ah ! maman, c'est bien loin hier ! — Cela vous est fort aisé à dire, ma fille ; mais je n'ai point oublié votre paresse, votre désobéissance, votre bouderie. — Ma petite maman, j'ai beaucoup travaillé ce matin. — Oui, mais le temps perdu ne se répare jamais, et ce que vous auriez fait hier est retardé d'un jour ; vous auriez fini d'apprendre votre catéchisme, et je vous aurais donné à étudier une histoire bien intéressante du nouveau Testament; votre collerette serait faite, et vous auriez commencé une autre broderie dont vous seriez

bien aise de vous parer. — Tu as raison, maman, je ne serai plus paresseuse, ni désobéissante, je te le promets. — Eh bien, ma fille, je compte sur cette promesse, vous auriez un tort de plus en y manquant, et j'espère que vous ne vous exposerez plus à mériter mes justes reproches. — Oh, non, bonne mère ! Dans ce moment, la marchande de plaisirs approchait, et répétait bien fort :

Réga-a-lez-vous, mesdames ; voilà le plaisir !

La petite Aglaé sauta vite au cou de sa maman, qui comprit ce langage, et céda aux désirs de sa fille.

MARCHANDES DE CAFÉ AU LAIT.

Les piliers des Halles offrent, dès la pointe du jour, un spectacle assez curieux : là des personnes de tout sexe et de tout âge viennent, munies d'un morceau de pain, prendre du café au lait, que l'on distribue dans une grande tasse moyennant la somme de 4 sous.

Il y a souvent, près des marchandes de café, une telle affluence d'amateurs, que les fontaines qui contiennent cette agréable liqueur, coulent sans interruption pendant quelques heures.

MARCHANDS DE FRUITS.

On cultive, avec succès, beaucoup de fruits dans les environs de Paris. Montreuil surtout est renommé pour ses belles pêches, et Montmorency pour ses grosses cerises; dans le printemps, vous entendrez souvent crier :

Cerises à la douce, cerises à la douce, à 4 sous la Montmorency, à 4 sous, cela n'est pas cher, à 4 sous la belle cerise!

Vous verrez alors un petit âne chargé de ce joli fruit, agréable à l'œil et bon à manger : dans l'été, vous entendrez : *La pêche au vin, la pêche : prunes de reine-claude, prunes !* Un bon paysan vend ces fruits ; il porte sur sa tête une manne plate et longue, sur laquelle sont arrangées avec art ces pêches dont la peau veloutée et vermeille renferme un fruit d'une saveur délicieuse. Ce brave homme tient à son bras un panier dans lequel sont des prunes qui, par leur coloris, leur parfum et leur goût exquis, ont mérité le nom de *Reine* Claude, parce que cette prune est la reine des prunes.

MARCHAND DE SOULIERS
d'enfans.

Il faut plaindre et respecter la vieillesse, car elle laisse peu de ressource à l'infortuné qui n'a de moyens d'existence qu'en lui-même.

J'ai connu un cordonnier, c'était un excellent ouvrier : à l'aide d'une assiduité constante et d'une conduite régulière, il avait amassé quelque argent, et fondait l'espoir de ses vieux ans sur les économies qu'il avait faites et qu'il pouvait faire encore ; mais cet espoir lui fut ravi : sa femme fut atteinte d'une maladie qui dura plusieurs années, pendant lesquelles son mari épuisa vainement, pour la sauver, son petit trésor.

Le malheureux cordonnier, accablé de chagrin, tomba lui-même malade ; il fut frappé de paralysie, et perdit entièrement l'usage de son bras droit ; cet accident le mit dans l'impossibilité de continuer son état. Son désespoir était au comble, lorsqu'un de ses confrères, qui connaissait sa position, vint le voir : « Ne perdez pas courage, lui dit-il ; j'ai une boutique dans laquelle je tiens des souliers tout faits ; venez chaque jour, je vous remettrai plusieurs douzaines de souliers d'enfans, nous les choisirons de toutes grandeurs, et de couleurs différentes ; vous les arrangerez dans une manne que vous suspendrez autour de vos reins, ou à votre cou ; cela ne fatiguera nullement votre bras ; vous irez ainsi par la ville, répétant bien haut : *A 15 sous la paire mes jolis souliers, à 15 sous la paire, c'est bon marché ; mesdames, chaussez vos enfans pour 15 sous, ça n'est pas cher.* Vous attirerez ainsi le chaland, et vous y trouverez votre compte ainsi que moi. »

Ce projet fut accueilli avec empressement et reconnaissance, et mis dès le lendemain à exécution. Notre paralytique vendit dans sa journée deux douzaines de paires de souliers, sur lesquelles son ami lui fit une remise, et nos deux cordonniers trouvèrent dans cet arrangement un mutuel avantage.

FIN.

www.ingramcontent.com/pod-product-compliance
Lightning Source LLC
Chambersburg PA
CBHW060946050426
42453CB00009B/1144